EL ORÁCULO

La respuesta está en tí

Alkistis Agio

Según traducción de

Shanti Gordi

Ediciones Amara. Ciutadella de Menorca

Publicado por vez primera en español en el 2007
por Ediciones Amara. Ciutadella de Menorca.

© De esta traducción 2007 Shanti Gordi
© Diseño de la portada: Federica Mahieu

Impreso en España/Printed in Spain

ISBN de la obra: 978-84-95094-24-7
Depósito legal: B. 10.591-2007
Romargraf, S.A.
L'Hospitalet de Llobregat (Barcelona)

DELFOS

EL MAYOR ORÁCULO DE LA ANTIGUA GRECIA

EL ORÁCULO DE DELFOS

Según cuenta la leyenda, Zeus soltó dos águilas, una desde el Este y la otra desde el Oeste y, en el punto dónde se encontraron, arrojo una Piedra Sagrada marcando con ella el centro del Mundo, el "Ombligo de la Tierra". Así fue como se asentó uno de los más importantes oráculos de la antigüedad: El Oráculo de Delfos.

La cueva donde la deidad Gaia (Madre Tierra) pronunciaba sus profecías era custodiada por su hijo, la monstruosa serpiente Pitón, quien recibía este nombre en honor al lugar que protegía, Pithos.

Cuando el dios Apolo era un niño, dio muerte a Pitón y se elevó victorioso sobre Delfos apoderándose del Oráculo que le perteneció desde entonces. A partir de aquel momento fue conocido como el Dios "Apolo Pitias". La zona fue llamada "Delfos" en honor a los Delfones. En griego, delfín tiene la misma raíz que la palabra hermano; los griegos creían que los Delfones eran sus hermanos.

El topónimo Delfos viene de Delfine que era el nombre de la serpiente mitológica antes de la llegada de Apolo. A partir del siglo IV a.C se le empezó a llamar Pitón en lugar de Delfine aunque, en esencia, era el mismo personaje. Son dos fases sucesivas de la leyenda.

Quién deseaba consultar al Oráculo estaba obligado a pagar un impuesto, el "telono", que le daba derecho a acercarse al gran altar de Apolo para ofrecer sacrificios (jabalíes, cabras o bueyes).

Habiéndose purificado en las aguas de la Fuente de Kastalian, Pitia, la sacerdotisa-oráculo entraba en trance y hablaba en nombre del Dios Apolo. Para ello se postraba ante el Ombligo de la Tierra (La Piedra Sagrada), ingería una hoja de laurel e, inhalando los vapores emitidos por la tierra desde una hendidura, entraba en un estado de éxtasis y empezaba a pronunciar palabras incoherentes. Éstas eran recogidas por el sacerdote que las escribía en verso mientras se esforzaba por extraer algún significado de la profecía.

EL ORACULO DE DELFOS EN TI

Sócrates, el antiguo filósofo griego quien fuera también instruido en Delfos y educado por las sacerdotisas-oráculo, afirmó que escuchaba una voz interior que le hablaba siempre que lo requería. Él la llamó "Daimon", que significa, voz divina. En esencia, Sócrates tenía acceso a una especie de oráculo interior, o voz que le proporcionaba sabiduría y discernimiento a la hora de tomar decisiones vitales. La buena noticia es que cada uno de nosotros podemos acceder a un oráculo interior.

Cuanto más utilices este libro, mejor conocerás tu propio oráculo interior. Como resultado, estarás capacitado para tomar las decisiones más acertadas y elegirás la perspectiva más idónea para que tú mismo seas el creador de los resultados que desees para tu vida.

EL LIBRO DE LA VIDA

Después de un tiempo de práctica, ya no te hará falta este libro, te darás cuenta de que el mundo entero es un libro abierto lleno de significados y revelaciones esperando a que los descubras. Naturalmente, el libro de la vida es más grande, multidimensional, y tú estás en este mismo instante caminando por él. Los significados y revelaciones del libro de la vida se manifiestan a menudo bajo formas simbólicas o como coincidencias. Sin embargo, como las revelaciones de las páginas de este libro, estos símbolos y coincidencias se te revelan y permiten que tu "mente supraconsciente" pueda contactar con tu mente consciente. Con el tiempo vas a experimentar lo que Pablo Coelho escribe en su libro El Alquimista: si deseas algo con la suficiente sinceridad, "el universo entero conspira a tu favor" para ayudarte en la búsqueda de tus sueños y realizar el propósito de tu vida.

¿COMO USAR ESTE LIBRO?

Éste libro no te "leerá" el futuro, pero te puede inspirar a la hora de encontrar tu "yo" más profundo, tu "Oráculo interior".

Lo primero que necesitas es una pregunta clara y específica. Si no la tienes, simplemente, plantea: "¿Qué es lo que más necesito para ser consciente en este momento?" o "¿qué actitud o actividad debería adoptar o emprender para conseguir el mayor beneficio para todos?"

Ahora cierra los ojos e imagina un dorado rayo de luz descendiendo desde "lo alto" que baja hasta tu coronilla. Este es el resplandor de la Luz Universal, directamente de la fuente de toda Creación/Inteligencia, es decir, "el Logos". Siéntelo llenando todo tu cuerpo y la zona de tu corazón. Mientras la Luz desciende de tu cabeza al corazón, se irradia hacia el exterior desde el corazón, creando un escudo de luz dorada a tu alrededor. Cada vez que inhalas, sientes como la luz entra a través de la cima de tu cabeza. Cuando exhalas, estás emitiendo rayos de luz desde tu corazón. El escudo de luz se vuelve más y más fuerte y tú, interiormente, pronuncias estas palabras:

GRAN ESPIRITU DE LA LUZ,
SER SUPERIOR, PROTEGEME CON
TU AMOR INFINITO.

POR FAVOR, AYUDAME EN MI EVOLU-
CIÓN Y GUIAME HACIA MI MAYOR SABI-
DURIA.

ESTOY AGRADECIDO POR ESO
Y POR TODAS LAS EXPERIENCIAS.

RECONOZCO QUE TODO LO QUE ME
PASA EN LA VIDA ES UNA OPORTUNI-
DAD PARA MI CRECIMIENTO Y ME RE-
CUERDA MI VERDADERO PROPOSITO:
EXPERIMENTAR EL PODER DE AMAR
INCONDICIONALMENTE.

Ahora, concéntrate en tu pregunta durante un momento. (Yo te sugeriría escribirla). Espera y confía en que, definitivamente, habrá una solución a tu cuestión y recibirás algún tipo de ayuda en lo relativo a su resolución, aunque quizá no sea la ayuda que esperabas. ¿Recuerdas lo que dicen los textos Sagrados?

Llama y la puerta se abrirá. Busca y encontrarás.

Ahora, respira profundamente y abre el libro por cualquier página. Puedes solicitar una clarificación adicional otras dos veces (tres en total). No formules la misma pregunta en ninguna otra ocasión. Si después de tres respuestas no lo tienes suficientemente claro, asegúrate de que has formulado la pregunta adecuada. ¿Qué es lo que realmente quieres saber? Recuerda que la autenticidad de las respuestas depende de la seriedad con que formules las preguntas. Si las respuestas son extensas o más abstractas de lo que te hubiese gustado, intenta comprenderlas y adentrarte más en ellas. Comprende que una mayor perspectiva es lo que realmente necesitas para tu evolución y para el beneficio de todos. Es cuestión de 're-enfocar' tus lentes actuales a unas lentes de ángulo mayor, así podrás ver una imagen mas amplia. Como ejemplo podemos coger el siguiente dibujo:

Figura A

¿Qué es lo que ves en este gráfico? ¿Ves una selección de copas, o ves distintas caras? ¿O ves ambas cosas a la vez?

¿Te das cuenta de que cuando miras algo desde una perspectiva diferente puede revelar más? Recuerda esto cuando recibas una respuesta que creas que no tiene nada que ver con tu problema. Intenta verlo desde una perspectiva diferente. Trata de entender la razón por la que esta respuesta específica es relevante para tu problema o desafío, y cómo puede añadir sentido y ayudarte en su resolución. Para concluir, quiero compartir contigo un pensamiento del libro Un curso de Milagros: "Los milagros son naturales, lo que no es natural es que dejen de ocurrir".

Si has dejado de esperar que ocurran los milagros, amigo mío, quizás ha llegado el momento de que cambies tu sistema de creencias actual. Si no te ha reportado los resultados que quieres para tu vida, te invito a que te unas a mí en coincidir con lo que Albert Einstein dijo una vez:

Hay dos formas de ver la vida; una es experimentar todo lo que te ocurre en ella como algo ordinario y la otra es verlo todo como un milagro. ¡Yo elijo esta última!

Amor, luz y risas
Alkistis Agio
Atenas 2002

RESPUESTAS

Reflexiona sobre las cosas que esperas de la vida y de tu trabajo. ¿Cuántas de estas cosas son simplemente fantasías? La única manera de llegar a experimentar algo en vez de solo proyectarlo es acumular vivencias. De momento, está claro que necesitas mucha mas información para llegar a alguna conclusión inteligente sobre las medidas que debes tomar. Conviértete en una especie de detective, buscando evidencias y hechos. No dejes ninguna piedra por levantar, así tu decisión final será lo más acertada posible. Esto te exige entrar en acción. Sé mas activo, no permanezcas pasivo. Hay un dicho griego antiguo:

Haz algo por la Diosa Atenea y ella hará algo por ti.

Investiga tanto como puedas y la respuesta se hará obvia.

Un líder sin un grupo que le apoye no es un líder. ¿Te consideras un líder? Un líder consigue cosas a través de otra gente, con la ayuda de otra gente. ¿Trabajas con el apoyo de un grupo que te ayude? Si no lo haces significa que quizá intentas hacerlo todo tu mismo, lo cual es imposible y acabarás doblando la rodilla. Escucha el dicho:

Ningún hombre es una isla.

Invierte en mejorar la calidad de tus relaciones personales. Realiza el esfuerzo necesario, mostrando entusiasmo por el apoyo en la consecución de tu objetivo. No ignores o subestimes a la gente de tu alrededor. Míralos con nuevos ojos y pídeles aquello que deseas. Comenzarán a ofrecerte ayuda antes de que te des cuenta. Una de las cosas más bonitas que puedes hacer es darles la oportunidad de que te ayuden. Debes ser fuerte, así tu también podrás ayudar a otros.

El dolor/insatisfacción que sientes ahora se debe a tu resistencia ante el "hecho". Expresa tu dolor. Luego déjalo marchar y acepta las cosas como son. No permitas que el miedo a lo desconocido te domine. Ahora es el momento de poner a prueba tu fe en la vida. Toma el cien por cien de responsabilidad sobre tu vida y tus emociones. Date cuenta que tienes la libertad de elegir en cada momento el estado interior en el que te encuentras, ajeno a cualquier evento exterior. Nada externo puede afectarte si tú no lo permites. Tú eliges cómo quieres ver las cosas. Empieza a verlas de un modo que esté validado y corroborado por ti y por los demás. Da por sentado el hecho de que ésta experiencia que vives encierra una de las más importantes lecciones de tu vida. En lugar de abatirte, coge ésta experiencia y conviértela en una ventaja. Si lo haces serás más fuerte y tendrás más ganas de amar.

uchas de tus relaciones se basan en el deseo de obtener gratificaciones personales. Te jactas de cuidar de la otra gente, pero mantienes estas relaciones solamente mientras recibes algún provecho de ellas. Cuando una relación te incomoda estás listo para abandonarla, aislarte o desaparecer. El miedo es la causa principal de que reacciones así. Temes que tu relación ya no vaya a darte lo que quieres. Si continúas con este tipo de relaciones, solamente atraerás a gente con el mismo problema y tú mismo te convertirás en receptor permanente de dicha conducta. Empieza a ver cada relación desde la perspectiva del amor incondicional y comienza a aceptar algunas responsabilidades por y para el beneficio de otros. Esto no significa que debas convertirte en un estúpido, nada de eso. Debes adoptar medidas para protegerte de conductas inadecuadas de otra gente. Conviértete en un amigo/colega/socio de fiar y el universo cuidará de ti, así podrás cuidar tú también a los demás.

andhi dijo una vez: "Vive con sencillez para que los demás puedan, sencillamente, vivir."

Simplificando nuestras vidas seremos más libres. Tu vida es demasiado compleja, es muy importante para tí que te purifiques con frecuencia: limpia tu cuerpo regularmente por medio de ayunos (o limpieza de colón), ordena tus armarios, tus archivos... Si no te purificas regularmente vas a experimentar bloqueos en tu vida, tu trabajo y tu salud. Vas a dificultar el "Fluido Universal" de energía y abundancia. Simplifica tú vida en aquello que puedas. La solución a cualquier problema es, normalmente, la más sencilla. Hay un dicho al respecto:

Quizá no será fácil, pero es sencillo.

Muévete fuera de la zona que dominas para propiciar un cambio. Piensa en cómo estos consejos afectan a tus decisiones/actitudes ahora mismo.

Examina tus motivos en relación a las acciones que realizas. Todo lo que hacemos, incluyendo ayudar a otros, está basado en conseguir placer personal. Esto está bien cuándo ambas partes están de acuerdo y sacan provecho. Has de cerciorarte de que no perjudicas a otros con tus motivos o acciones. Sé honesto y te ahorrarás un montón de energía y penas en el futuro. Simplemente, ve más allá de tus motivaciones y comprueba, junto a la otra gente implicada, que están de acuerdo y te dan su bendición. Ve y habla claro, di lo que piensas sin dejarte arrastrar por tus emociones. Deja elegir libremente a la otra parte lo que realmente quiere. No intentes controlar las cosas que pasan en tu vida. Ríndete más a menudo a la "Voluntad Universal". Tus deseos de éxito nunca deben pasar por encima de los principios básicos de la justicia.

Las cosas que te preocupan hoy tienen su raíz en el pasado. Los conflictos sin resolver te están atormentando. Retrocede y asegúrate de que cerraste tus círculos personales. En caso de que no sea así, ¿hay algo que puedas hacer para mejorar la situación? ¿Te has perdonado ya a ti mismo? ¿y a los demás implicados? El perdón definitivo afecta al karma de la gente y de las situaciones. Perdona cuanto antes desde tu corazón, no desde tu cabeza.

¿Puedes llevar a cabo alguna acción práctica para resolver la situación actual? Recuerda que las posturas que te han beneficiado a ti, pueden haber originado karma negativo en otros. Intenta crear situaciones provechosas en tu vida. Esto solo puede ser posible cuando todas las partes están implicadas en el proceso de decidir. Considera cómo puedes resolver los conflictos siguiendo esta línea de acción, de otro modo, seguirán sin solucionarse en esencia. Los conflictos sin resolver son como una grieta en el casco de tu barco.

Todas las cosas tienen una propiedad particular; el fuego quema, el hielo es frío, el agua moja. Estas cualidades no son ni buenas ni malas, simplemente "son". Manejar las cerillas cuidadosamente para no quemarnos depende de nosotros. Manipular hielo con precaución para no congelarnos los dedos, depende de nosotros, como depende de nosotros llevar un paraguas y abrirlo cuando llueve, si es que no queremos mojarnos. Entonces, ¿porque te desesperas cuando un colega o un amigo te decepciona? Después de todo, está siendo él mismo.

Todas las personas sufren algún tipo de debilidad y es responsabilidad nuestra (al tener trato con la gente) tomar medidas al respecto. Esto no significa que no debas confiar en la gente. Simplemente, debes protegerte a ti mismo de las limitaciones de los demás y tomar las precauciones necesarias, tanto internas como externas, para que no te puedan hacer ningún daño movidos por su ignorancia. No hay razón para que reacciones con crueldad; no te enojes con la gente que te hiere más de lo que lo harías con la lluvia cuando te mojas.

stás malgastando enormes cantidades de energía hablando de tus planes con otra gente. Básicamente, cada vez que abres la boca estás buscando el reconocimiento y elogio de los demás. Reserva tus planes, privados y profesionales, para tí mismo. Sin darte cuenta estás diseminando aquí y allá la concentración que necesitas para realizar tu sueño. Respira profundamente y di: "Tengo una fe profunda en este proceso. Es natural, no hay nada por lo que deba estar nervioso. Todo se está desarrollando perfectamente".

Ahora visualízate a tí mismo sosteniendo una semilla dorada y plantándola en el la tierra, imagina como lentamente crecen las raíces y el tallo. Visualiza la planta empujando hacia arriba y, finalmente, abriéndose camino a través del suelo. Al final, el brote se convierte en una hermosa flor. Tu sueño se está haciendo realidad. ¿Por qué te preocupas?

Temor. (F.E.A.R. en inglés, es un acrónimo de falsas–expectativas–aparecen–reales). ¿Por qué tus miedos e inseguridades están paralizando tus esfuerzos? Hay un fantástico libro titulado, *Ten miedo pero hazlo igualmente*. Piensa en cómo el título de este libro puede ser aplicado a tu situación actual. No debes negar tus miedos pretendiendo que no existen. Mantente cauto con tus miedos, conócelos. Mira qué tipo de información útil te están ofreciendo y tú serás quien decida al final, no tus miedos. Haz una lista de tus tres miedos más presentes. Ahora, viaja hacia el futuro hasta que te veas como un anciano de ochenta y cinco años... ¿Qué respuesta le darías a cada uno de estos miedos? Anota estas respuestas. Recuerda que puedes acudir a los sabios siempre que lo necesites. Solo acuérdate de darles las gracias.

Otra palabra que pueda ser utilizada como sinónimo de DIOS es AMOR. Si no eres religioso, quizás te será más fácil usar la palabra amor y esto abrirá nuevas dimensiones en tu vida. (Si eres religioso, ¿cómo puede influir esta palabra en la manera de practicar tu fe?) El amor es la fuerza más poderosa del universo. El amor puede hacer que dos sean uno. El amor está más allá de los límites de la mente. El amor permite que los milagros sucedan.

El mundo sería un lugar mucho mejor para todos si bañáramos de amor cada cosa que hacemos o decimos. Todos deseamos la paz en el mundo pero, ¿porque no se ha producido todavía? Gandhi solía decir:

No hay camino que lleve a la paz, la paz es el camino.

Esto significa que la paz en el mundo no se manifiesta solamente predicándola. La paz empieza en tí y en mí. Cuándo empecemos a ser pacíficos y cariñosos, el mundo cambiará. Aplica este concepto en relación a conseguir realizar tus metas. ¿Vives para tus metas? ¿Te has convertido en tu meta? No esperes a mañana. Empieza a ser tu meta hoy.

Las fuerzas del universo se han alineado con tu propósito y las cosas van a avanzar muy rápidamente hacia el resultado que deseas. ¡Espera un milagro! Ábrete a ello. No permitas que ninguna duda bloquee el fluido de abundancia y felicidad que son tu destino. Ten fe, el Universo esta conspirando para que tú y cualquier otra persona implicada contigo seáis felices. Abre tu mente y permite que las cosas se desarrollen ante ti. "La verdad te hará libre". ¿Qué mentiras sobre ti mismo y los demás te están alimentando? Piensa cuidadosamente por qué te ocurre. ¿Qué miedos hay detrás de esto? Es absolutamente innecesario e inútil vivir de quimeras, porque la verdad siempre sube a la superficie, de un modo u otro. Y la verdad es liberadora. Empieza a actuar desde la verdad, incluso si te resulta un poco incómodo al principio. Cuando empieces a vivir una vida auténtica, llegarás a ser firme como una montaña.

Exprésate más a menudo desde tu corazón, compartiendo tus sentimientos y atribuyéndote la total responsabilidad sobre ellos. No culpes a nadie de tus problemas, limítate a expresar cómo te sientes con veracidad. Piensa en la cantidad de cosas innecesarias que has dicho a lo largo de toda tu vida y en la pérdida de tiempo que ello te ha supuesto.

¡Felicidades! Te has graduado en la lección de "Estoy viviendo en una pequeña mentira".

Tu vida es una película y tú eres la estrella principal, tú eres el director, tú eres la audiencia y eres la luz en el proyector. Piensa detenidamente en ésta metáfora... ¿Qué está pasando en tu película ahora mismo? ¿Cómo la has creado? ¿Qué va ocurrir en la próxima escena si todo sigue como hasta ahora? ¿Cómo puedes crear una sorpresa positiva en la película? ¿Qué puedes hacer para cautivar a la audiencia? ¿Qué reto debe asumir una estrella principal (tú) para que la gente lo respete y lo quiera? Ahora echemos un vistazo a la audiencia. ¿Qué distancia hay entre el público y la pantalla? ¿Están demasiado cerca como para no ver la pantalla completa? Si es así, ¿qué detalles se estarán perdiendo? ¿Estos detalles van a influir en cómo juzguen la película finalmente? Y si deciden moverse hasta los asientos de atrás teniendo así una mejor visión de la película, ¿cómo mejorará su valoración? ¿Aplauden lo suficiente? ¿Qué pasará con la película si la luz del proyector no es lo bastante potente?

Puedes caminar por encima del agua ¿lo sabías? Lo estás haciendo cada día caminando por tu vida. Es un milagro que te sostengas en comunión con el Universo. En un solo segundo todo puede cambiar; puedes chocar con otro coche, un vaso sanguíneo puede romperse, un ladrillo puede caer sobre tu cabeza, puede originarse un incendio mientras tú estás dormido... las cosas no volverían a ser lo mismo nunca más. Muy poca gente se da cuenta de que su propia realidad depende de un montón de cosas que pueden alterarla en un santiamén. ¿No crees que las personas que trabajaban en las torres gemelas debían tener pólizas de seguros? ¡Por supuesto que sí! Pero la seguridad real no tiene nada que ver con pólizas de seguros, sino con ser profundamente cuidadosos. Sé consciente del "milagro" de tu vida y procura estarle agradecido en cada momento.

Debes comunicar exactamente lo que quieres. ¿Cómo permites que la pereza de los demás te confunda? Si quieres resultados vas a tener que empezar a comunicar exactamente lo que quieres decir, y pedirles a quienes no se comunican claramente contigo que te digan lo que quieren con la mayor precisión posible. La comunicación más fiable es la que surge de la claridad de los pensamientos. La mayoría de la gente, incluido tú mismo, de momento, no es clara respecto a lo que quiere y, probablemente, les asusta el hecho de haber recibido ya lo que querían. Así es como mucha gente prefiere vivir: en una nube de confusión. Confundiéndose ellos mismos y confundiendo, de paso, a los demás.

Tómate tu tiempo para identificar las dudas en tu forma de comunicarte y en tu vida. Intenta descubrir qué estáis queriendo evitar tú y los demás.

La situación que estás experimentando es el resultado de tus propios pensamientos y acciones pasadas. Esto es lo que se conoce como deuda kármica. El karma, en terminología cristiana, es la simple ley de: "Recogerás lo que siembras". No tiene absolutamente nada que ver con el castigo divino. El karma es la ley de causa y efecto. Pregúntate a ti mismo, ¿qué es lo que pensaste o hiciste para llegar a esta situación? Si es la situación que deseas, estará bien. Pero si es una situación que no quieres, ¿qué puedes hacer para corregirla? Perdonarte a ti mismo y a las otras partes implicadas sería una buena manera de borrar el karma negativo. Tal vez necesitas realizar alguna acción. Tal vez deberías dejar tu ego a un lado, con la misma tranquilidad que dejarías un saco de patatas, y hacer lo que dictara tu corazón. Esto sería lo correcto.

ómate tu tiempo para analizar tus motivaciones. ¿Sirven tus motivos al bien mayor de todos los implicados? Si tu motivación se construye sobre tu ego y estás manipulando las situaciones, deja de hacerlo antes de que acumules más karma negativo. El fin no justifica los medios. Mira en lo profundo de tu ser y date cuenta de que no tienes que fingir para obtener lo que deseas. Puedes conseguir los resultados que quieras valiéndote de estrategias nobles, como ser totalmente honesto y, a la vez, radical a la hora de saber que todo está funcionando perfectamente. Las cosas necesitan su tiempo y por muy buenas razones no debes saberlas, pero fíate del dicho:

Dios trabaja de manera misteriosa.

Así pues, que continúe tu esfuerzo y disfruta de tu andadura/camino.

Te relacionas con tu vida y tu trabajo sin comprender que esta no es tu misión, es solo un medio para llevar a cabo el verdadero trabajo que estás llamado a realizar. ¿Cuál es tu verdadero trabajo? El trabajo que te ha traído aquí es la realización personal. Puedes conseguir la realización personal a través de cualquier profesión que elijas; ama de casa, jardinero, banquero, prostituta, soldado... Entiende que hay un juego detrás del juego, un trabajo real detrás del trabajo aparente. No es lo que haces sino cómo lo haces y con cuánto interés lo haces. No te quedes atrapado en tus ilusiones. Hay una famosa cita Zen que dice:

> Antes del Zen, estás cargando agua. Después del Zen, estás cargando agua.

Lo único que cambia es tu nivel de atención. No tienes que cambiar nada en tu vida, simplemente, aumenta tu grado de atención sobre tus emociones más bajas y la realidad cambiará ante tus propios ojos.

A medida que vas adquiriendo una atención cada vez más profunda en el camino de la realización personal, empezarás a sentirte como un forastero en tu propio círculo social. Entenderás a los demás pero ellos no te entenderán a ti. Imagina a alguien que tiene la costumbre de mirar a través de la ventana de su apartamento en la planta baja, y que ahora se ha mudado al octavo piso. ¿Cómo puede compartir sus vistas con los que siguen viviendo en la planta baja? A la hora de comunicarte recuerda que las acciones hablan más claro que las palabras. Piensa y actúa desde tu corazón y al mismo tiempo elige tus palabras cautelosamente. Jesús dijo:

No les deis perlas a los cerdos.

A la gente le parecerá extraño, a algunos incluso les molestará que dejes de preocuparte, quejarte, juzgar a los demás ... Esencialmente, a través de tu visión más amplia de la realidad, has ido más allá de la mezquindad de la vida. Estás empezando a vivir tu vida con honestidad y autentico sentido.

Ha llegado la hora de que te des cuenta de que, por encima y más allá de las necesidades y los anhelos cotidianos de tu ego, tu alma tiene su propia agenda que llenar. Cuanto más sepas sobre la agenda de tu alma, más fácil te va a resultar la vida. Básicamente, tu alma suspira por el propio conocimiento/realización a través de la humildad, honestidad, saber perdonar y servir a los demás. Para poder adquirir estas cualidades vas a tener que pasar por ciertas "lecciones". Las "lecciones" se van a repetir hasta que tú, finalmente, lo entiendas y te puedas graduar en esta lección concreta y pasar a otras mas interesantes. A medida que va creciendo tu nivel de atención, desde un entendimiento material/separatista hacia uno más espiritual/unificador, vas a experimentar que la vida es cada vez más fácil. Examina cómo los motivos de tu ego están en contradicción con los motivos de tu alma y cómo una resolución de este conflicto interno remediaría los problemas que te preocupan actualmente.

Persistencia, Paciencia y Perseverancia son las tres llaves que necesitas para poder abrir la puerta de tus objetivos. No obstante, esto no significa que debas forzar o manipular. Tómate tu tiempo para aclararte acerca de lo que quieres realmente conseguir. Cuando sepas lo que quieres, permanece profundamente arraigado en la confianza de que todo funcionará mejor. Date cuenta que el mundo material es más lento que el mundo de las ideas. Todo necesita su tiempo y por muy buenas razones, aunque no necesitas conocerlas. Continúa esforzándote y disfruta de tu andadura.

Felicidades! Has superado la lección: Tengo miedo y nada va a salir bien.

Asume toda la responsabilidad por lo que ocurre en tu vida. No puedes cambiar las cosas, pero es tu obligación cambiar el modo en que las percibes ahora por otro más beneficioso para ti. ¿Estás tomando toda la responsabilidad respecto a tus sensaciones y emociones? ¿Continúas culpando a otros? ¿Adquiriste la responsabilidad respecto a pensamientos y acciones pasadas que te han llevado a los resultados que estás experimentando ahora? Si todavía no lo has hecho, hazlo ya. Será el único modo de tomar el control de tu vida. Asumir toda la responsabilidad en este momento significa estar absolutamente alerta, atento y constantemente consultando con tu "Ser Superior" acerca de las respuestas que traerán el bien a todos los implicados.

Eres libre para cambiar tu mente y tu vida en cualquier momento, (incluso si otra gente te reta o duda de tu capacidad para conseguirlo). Todo es posible y debes abrirte a todas estas posibilidades. Las dudas de los demás son el reflejo de las tuyas y hasta que no las descubras, las opiniones negativas de los demás van a afectarte en este sentido. ¿Cómo te has estado limitando a ti mismo hasta ahora? ¿Qué es lo que quieres cambiar? Es perfectamente lícito que quieras reinventar tu vida y a ti mismo, incluso si hay aparentes contradicciones respecto a lo que has estado haciendo hasta el día de hoy. Deberías evitar a cualquier persona o situación que te arrastre a tu pasado, mientras no te sientas cómodo con tu nueva vida o tu nuevo "yo". Naturalmente, debes asumir el cien por cien de la responsabilidad sobre las consecuencias, pero da por sentado que vas a poder manejarlo. El universo nunca te da más de lo que puedes soportar, aunque a veces parezca lo contrario.

Descubre y asume el hecho de que eres único. En toda la creación no ha habido ni habrá otra persona igual que tú. Tú eres tú y debes intentar ajustar las cosas a tus necesidades en la medida de lo posible. Experimenta con dietas, moda, deportes, nuevas maneras de comunicarte... y toma buena nota de las que te producen beneficio. No aceptes las cosas así como así, solo porque los demás lo hacen, porque tú lo hayas hecho hasta ahora o porque estén de moda. Observa que es lo que funciona mejor para ti. No hay nada equivocado en ti, tú eres perfecto cuando eres tú mismo y no interpretas ningún "papel" para protegerte. Observa como manejas la situación y así podrás disfrutar de los resultados positivos mientras te muestras auténtico y natural.

Depende de ti que te motives y busques inspiración en otros para llegar a ser más de lo que te habías imaginado. Naturalmente, necesitas paciencia y compasión contigo y con los demás, sin embargo, concéntrate en lo que es posible. ¿Qué es lo que realmente quieres? Mira en lo más profundo de tu corazón y se honesto. Empieza a articular lo que necesitas de los demás sin alterarte. En cuanto te des cuenta de que nadie te debe nada obtendrás mejores resultados, pero puedes apoyarles cuando elijan libremente darte algo. Asegúrate de que tienes un motivo claro que va a crear una situación beneficiosa para ti y para todos los implicados. Cualquier tipo de manipulación dirigida a un mal propósito se volverá contra ti y te causará el doble de dolor.

onsidera el hecho de que casi todo lo que dices, excepto cuando estás preguntando o respondiendo a preguntas prácticas, es para ganar simpatías o para impresionar a otros. Este hecho te causa incomodidad, obsérvate a ti mismo a lo largo de todo un día, y cuenta las veces que lo haces. Entiende que esta actitud hace que dependas demasiado de la aprobación y simpatía de los demás. Ha llegado el momento de que hables menos y seas más auténtico a la hora de comunicarte. Si empiezas a darte la aprobación que tú buscas en los demás, serás capaz de expresarte más honestamente y desde tu corazón, compartiendo así tus verdaderos sentimientos y responsabilizándote totalmente de ellos. Esto es lo que hace a la gente natural, atractiva y carismática. Piensa en todas las cosas innecesarias que dices y en la pérdida de energía que suponen.

Debes saber que hay más de un punto de vista sobre las cosas. Piensa en una enorme esfera que esté pintada con una mitad negra y la otra mitad blanca. A la persona que esté en el lado de la mitad blanca, la esfera le parecerá toda blanca. A la que esté en el lado de la mitad negra, le parecerá toda negra. Estas dos personas tienen ahora un dilema sobre el color de la esfera. Una tercera persona se acerca, se coloca en medio de los dos y les dice que ambas están equivocadas porque la esfera es, objetivamente, mitad negra y mitad blanca. Aunque, desde su propia perspectiva, las dos personas tenían razón.

Para enriquecer el mundo que comparten deben:

a) Abandonar momentáneamente su propia perspectiva para conocer la visión del otro.
b) Invitar a los demás a que se acerquen y les muestren el mundo desde una perspectiva distinta a la suya.

De este modo, todos salen ganando.

Observa aquellas cosas que consideras inaceptables, imposibles o inconcebibles. Date cuenta de que las has catalogado así basándote en tu propio sistema de creencias. En tus manos está poder cambiar tu forma de ver las cosas para que puedan ser aceptables, posibles y fáciles. Presta atención ahora y piensa o haz algo que normalmente no harías. Deja a un lado tu ego, apuesta por un cambio y asume que siempre ganas cuando das y compartes. Pero, actúa desde una posición de fuerza y plenitud; pregúntate a ti mismo: "¿Cómo me comportaría ahora si fuese un Rey o una Reina?". Hay un dicho en francés: "Nobleza obliga". Significa que cuando se trata de un noble, su posición le obliga a hacer lo correcto, lo más noble. Deshazte de tus ideas preconcebidas y tus problemas se resolverán instantáneamente.

Cómo sería la vida si sólo existiera el día El día es el día porque existe la noche. Son como las dos caras de una moneda. El frío se define por el calor. El bien, por el mal. El cosmos está en perfecta armonía porque existen los contrarios. Estas oposiciones se definen una a otra y, por lo tanto, son necesarias. Piensa en tu apego por querer ser feliz. Felicidad y tristeza, éxito y fracaso coexisten perfectamente y nosotros debemos darles la bienvenida, sin estar demasiado apegados a ninguno. Piensa cómo tu apego hacia un extremo te está limitando ahora mismo. Formula tu deseo alto y claro, pero a partir de ahora permite que la vida te sorprenda de un modo placentero e inesperado.

El amor y la felicidad son como el agua: cuanto mas intentes agarrarla más se escurrirá entre tus dedos. El amor no es algo que puedas guardar y poseer. Observa las serias implicaciones de esta afirmación y asume un cambio de actitud. Cuando amas incondicionalmente y permites a la otra persona ser libre, es amor verdadero. Tu felicidad no puede depender nunca de alguien o algo externo, porque en la vida "todo fluye", como dijo en una ocasión el anciano filósofo griego Heráclito. Esto significa que lo único que es permanente en la vida es el cambio mismo. Despréndete de las expectativas sobre el futuro y, simplemente, siéntete agradecido por el presente. Ten en cuenta que todo lo que te pasa en la vida sirve para tu evolución.

En realidad, no hay obstáculo o problema que no sea una oportunidad disfrazada ¿Eres capaz de apreciar el hecho de que todos los obstáculos en tu camino son proyectados o creados por ti mismo? Sócrates solía decir:

No hay mal que por bien no venga.

Así pues, los obstáculos y problemas deben ser vistos como oportunidades para aprender. Necesitas empezar a ver que las cosas que te pasan en la vida son por tu bien, incluso cuando parecen lo contrario. Aprende y crece a partir de los obstáculos en tu camino. Pronto estarás agradecido por todo.

Algunos solo ven en el estiércol algo apestoso y desagradable. Otros, en cambio, lo utilizan como el mejor de los abonos para sus flores.

Actualmente te estás autolimitando al pensar que las cosas tienen que ser de un modo específico o que debes comportarte de un modo concreto. Considera el hecho de que en cada situación tienes el cien por cien de libertad para elegir como vas a verla. Usa un poco tu imaginación y verás que hay más posibilidades, soluciones y caminos a tu disposición de lo que te habrías imaginado.

Quizás vas a escoger el camino que tenías como primera opción, solo que esta vez vas a elegirlo:

a) Porque lo quieres
b) Porque reconoces que es válido y no te sientes obligado.

No podrás ver tus alternativas si estás controlado por tu ego, tu orgullo o tu miedo. Cuelga tu ego, que es como un abrigo impermeable, y con tu libertad ponte a practicar.

¡Felicidades! Te acabas de graduar en la lección del control.

Los antiguos griegos solían decir: "Todo con moderación". De momento estás pensando en términos de "esto o lo otro", "blanco o negro". Date cuenta de que hay muchas sombras grises y que la vida no es nunca blanca o negra. Elige visiones más moderadas que te permitan la integración y la síntesis. Te has obsesionado demasiado en cómo deberían ser las cosas. Relájate y permite que el plan se revele ante ti. Tienes que saber que todo puede ser positivo si lo ves bajo una óptica iluminada. Piensa para ti mismo: ¿Quieres tener la razón o ser feliz? Si aún estás considerando la opción es porque estás siendo condicionado por tu ego, y esto te acabará haciendo daño y provocándote tristeza y marginación. Deja de controlar, de manipular las cosas y así podrás subir siempre a lo más alto. Si continúas así, presionando y obsesionándote, obtendrás el efecto contrario al que has estado buscando. Haz un acto de fe y permite que ocurra un milagro.

Es hora de que te liberes a ti mismo de unas cuantas cargas inútiles que has estado llevando sobre tu espalda desde hace mucho tiempo en forma de emociones y comportamientos limitados: celos, dolor, culpabilidad, miedo, ansiedad... todo son recuerdos del pasado. Has estado caminando demasiado tiempo con un saco en la espalda cargado de piedras. Las vienes acarreando hace tanto que crees que forman parte de ti. De hecho, algunas de estas emociones forman parte de tus posesiones mas preciadas. Estás demasiado apegado a ellas. Actúas como si te fueras a morir si alguien se las llevara. Ahora, en lo más profundo de tu ser, hay algo que te dice que estos comportamientos no son naturales y no forman parte de ti.

Tómate algún tiempo para preparar una ceremonia de Perdón y Aceptación. ¿Cómo podrías crear esa ceremonia? Cualquier actividad ordinaria puede llegar a ser una ceremonia si tienes la intención de liberar y curar algo. Por ejemplo: para liberar y curar una relación del pasado, debes crear un bonito álbum de fotos de aquellos tiempos, escribir una carta de agradecimiento en la última página, agradeciendo a aquellas personas y experiencias las cosas tan preciosas que has aprendido de ellas y que te han ayudado a ser mejor persona.

ebes empezar a cultivar una postura más neutral en tu vida. Hasta ahora te has implicado demasiado emocionalmente en las cosas que te suceden, (especialmente cuando son negativas, sentimientos que te limitan, puntos de vista....) Esta actitud te está costando tremendas cantidades de energía vital y, a la larga, te llevará a la enfermedad. Escogiendo una postura neutral conseguirás alcanzar tus metas con mayor eficacia y resultarás más útil a los demás. Imagínate un Maestro de kárate, pensativo, concentrado en su golpe es mucho más efectivo que un luchador que se limita a dar puñetazos a diestro y siniestro, jadeando agotado. La neutralidad no significa que seas frío o insensible. Significa participar activamente en los eventos que se presentan, también te proporciona una gran visión. Te da mayor libertad para elegir tus actos, y así dejarás de re-accionar en tu vida para empezar a actuar desde la profundidad de tu centro. ¡Felicidades! Acabas de graduarte en la lección de: "Me implico demasiado emocionalmente".

Estás demasiado apegado a tu sufrimiento, y si alguien lo aleja de ti, te enfrentas a esa persona como si intentara atacarte. Estás demasiado apegado a tus problemas y demasiado a menudo dices: "Mis problemas". Intenta cambiar esta frase por: "Estas oportunidades disfrazadas que me permiten crecer", y observa lo que ocurre. La mayoría de sufrimientos y problemas se deben a las muchas expectativas que te has creado sobre el futuro. Intenta vivir más en el presente. Toda la confianza, el amor y el bienestar están a tu disposición ahora mismo, entonces, ¿por qué eliges el sufrimiento con tanta pasión? Suelta tu sufrimiento y vas a ver como los milagros ocurren sin cesar.

Estás sufriendo porque te centras demasiado en ti mismo y en tus problemas o necesidades. Incluso cuando piensas que estás haciendo algo por los demás, todavía quieres obtener una compensación. Intenta servir a los demás sin esperar nada a cambio. Vas a notar que tu vida se va a llenar de repente. Cuando dejes de centrar tus pensamientos alrededor de ti y sirvas a los demás desinteresadamente, vas a empezar a experimentar lo que es el gozo de verdad. Tus problemas van a desaparecer como por arte de magia y vas a empezar a liderar una vida llena. Realmente, ninguno de tus problemas puede resolverse con tu nivel de atención actual. Simplemente, tienes que seguir escalando posiciones hasta alcanzar el grado de "puro servicio a los demás".

Deja de compararte con los demás. Una manzana es una manzana y una naranja es una naranja. ¿No sería ridículo que una manzana se comparara con una naranja? Tú eres absolutamente único y es importante que canalices tu atención en mejorar tus puntos fuertes y los pensamientos o comportamientos paternalistas que te están limitando. Piensa en el hecho de que en toda la Creación nunca ha habido y nunca habrá otra persona como tú. Tu esencia/naturaleza es perfecta. Cuando asumas que todo lo demás no es natural, vas a volver a experimentar esta perfección. Toda tu belleza esta dentro. Todo lo que buscas esta dentro, no necesitas buscar más fuera de tu ser, ni compararte con los demás. Tú ya eres quien quieres ser, solo necesitas enfocar tu atención hacia ese lugar dentro ti.

us pensamientos están creando tu realidad. La energía sigue a tus pensamientos. Sé muy cuidadoso con lo que crean tus pensamientos, especialmente, con tus miedos. Los pensamientos son algo pasajero, parecidos a las nubes que existen en una dimensión paralela. Esta dimensión fue llamada la "dimensión noumenal", por Platón, y procede de la palabra griega nous, que significa mente. Cuando la nube esta densa, empieza a llover. Cuando un pensamiento es denso, intenso, se condensa, como la lluvia y se manifiesta en nuestra dimensión "fenoménica". (El mundo "fenoménico" significa literalmente el aspecto visible de la mente). Por lo tanto, es importante llegar a ser dueños de nuestra mente. No intentes reprimir los pensamientos que llegan a ti, simplemente, conviértete en un astuto observador de tus inquietudes. No juzgues tus pensamientos sean buenos o malos, como hace un científico, pero mira si son útiles o inútiles para los resultados que deseas.

us problemas son producto de tu propia creación. ¿Eres consciente de ello? En realidad, son tu obra maestra planeada con tanta inteligencia que incluso piensas que los demás son los culpables de tus desgracias. Vives en un constante proceso de creación de problemas que después te afanas por resolver. Tú eres el héroe de tu propia película y, como cualquier película, necesitas un reto que te permita demostrarte a ti y al público que eres genial. Tus problemas están tan ajustados a tu medida que solo los has podido diseñar siendo muy cauteloso. Nunca creas un problema mayor que tú, siempre tienen la justa medida para que puedas solucionarlos tú mismo y convertirte en un grandioso ser humano. Si no creces con los problemas y, en lugar de ello, desarrollas más pensamientos inútiles como los celos, el miedo, el cinismo..., vas a ser víctima del mismo problema en diferente forma hasta que aprendas la lección del crecimiento y la evolución. Estamos aquí para aprender las lecciones del amor, el perdón, el agradecimiento, la generosidad... Cuanto más nos resistamos a estas lecciones, más situaciones dolorosas vamos a vivir.

Deja de condenar a otros y acepta el hecho de que ellos son tu propio reflejo. Juzgas demasiado a los demás y ahora mismo no te estás dando cuenta del hecho de que ellos son una fiel imagen de ti. Te resistes a creerlo con gran habilidad, pero es un hecho metafísico. Solo cuando aprendas a respetar y honrar a los demás vas a encontrar tu paz interior. Condenando a otros no haces sino condenarte a ti mismo. Aprende a aceptar a los demás tal como son. Esto no significa que debas exponerte. Debes tomar medidas para que no te hagan daño. Una abeja es una abeja, y forma parte de su naturaleza clavar el aguijón. No pretenderás hacer cambiar a una abeja, ¿no? Pero debes tener cuidado cuando la abeja se acerque a ti. Tenerle miedo y maldecir a la abeja, no servirá de nada. Haz solo lo más eficaz para cumplir tus deseos.

Estás demasiado obsesionado en obtener resultados exactos. Date cuenta de que es la experiencia lo que deseas y no solo los resultados. Piensa detenidamente en las metas que te has fijado en los términos siguientes: "¿Qué experiencia quiero tener a través de esta persona/cosa?" Asume el hecho de que muchos caminos llevan a Roma, y que la experiencia que buscas puede ser creada de muchas maneras distintas. Sobre todo es importante que comprendas que la experiencia que deseas ya está en tu alma. Todo lo que debes hacer es "Just Be it[1]" parafraseando el famoso slogan de NIKE, "Just Do It". Decide lo que quieres ser y ¡sé eso! Nada externo a ti puede proporcionarte este sentimiento. Piensa en la cantidad de gente que lo tiene todo pero que es adicta al alcohol o a la cocaína. Empieza a crecer desde dentro hacia fuera, y no desde afuera hacia dentro.

---

[1] "Simplemente sé".

ienes demasiadas expectativas puestas en el futuro. Empieza a vivir la vida desde el presente ¡AHORA! Disfruta del momento. El presente es lo que cuenta: el pasado es un recuerdo, el futuro un deseo. El presente es lo único que tenemos, así pues, debemos disfrutarlo al máximo. Todo lo que quieres lo puedes tener en el presente. Lo que piensas y lo que sientes lo eliges tú mismo. Tú decides. Estás malgastando muchísima energía pensando en el pasado y en el futuro. Acostúmbrate a hacerte estas tres preguntas clave:

1. ¿Cómo me siento ahora?
2. ¿Es esto lo que quiero?
3. ¿Qué puedo hacer en este momento para crear el estado que realmente deseo?

Si permaneces alerta en el presente vas a ver como tu vida se llena, y dejarás de sentirte frustrado. Date cuenta de que todo es exactamente como debe ser.

No existen las "elecciones equivocadas". Cualquiera que tomes será perfecta y válida. Deja de estresarte y simplemente elige el camino que te lleve a la mayor gloria. Elige desde lo más íntimo de tu corazón, siempre será lo correcto. Si fracasas al tomar una decisión que refleja tu autenticidad, se te darán muchas más oportunidades (bajo formas diferentes a las esperadas). Así que nunca tengas miedo de tomar una decisión por miedo a cometer un error. En realidad, los errores no existen, solo son oportunidades para aprender y crecer en la vida. No intentes ser perfecto, te estrellarás si vives pendiente de lo que esperan los demás de ti. Sigue tu propia verdad, sigue tu corazón, sigue tu sabiduría interior.

¡Espera un milagro en 24 horas!

Para tomar la decisión correcta necesitas cuanta más información mejor. Si aun no sabes qué hacer, continúa investigando para implicarte más íntimamente. En lo más profundo de ti, ya has tomado una decisión, tanto si eres consciente de ello como si no. La decisión ya está tomada, pero, como una llave de oro escondida bajo una piedra, tienes que descubrirla. Así que continúa levantando piedras y escuchando atentamente. ¿Qué es lo que te dice el universo después de levantar cada piedra? ¿Te aplaude? ¿No responde? Ten por seguro que cuando levantes la piedra correcta, te aplaudirá y verás la llave. Te sentirás extraordinariamente bien y recibirás una inyección de energía extra. En cuanto a las piedras que no escondían la llave, asegúrate de que has dado las gracias a cada una de ellas por darte una preciosa información que te ha ido acercando a tu decisión final.

Estás saboteando los resultados que deseas por miedo al éxito. Dices que quieres uno específico. Dices que lo darías todo por este resultado. Pero, ¿es eso verdad? Se acerca el momento de conseguir lo que quieres y, aún así, hay una parte de ti que se resiste a ello porque traerá grandes cambios a tu vida. Estás cómodo con tu realidad de cada día. No obstante, tienes que reajustar tu manera de pensar. Deberás dar este último salto con toda tu consciencia si quieres que esta experiencia final tenga lugar. Tú y tu objetivo deberéis estar unidos. Sigue visualizando tu rutina diaria en tu "nueva" vida. Esto permitirá que los milagros ocurran y te encaminen hacia el lugar que deseas. No opongas ningún tipo de resistencia escudriñando cada uno de los pequeños miedos o inseguridades. No reprimas tus miedos. Te los puedes imaginar como si fueran viejos amigos. Simplemente, analiza el aviso que están intentando transmitirte. Agradéceselo y continúa avanzando hacia tus sueños.

¿Estás enamorado? Si no lo estás, deberías estarlo, de alguien, de tu trabajo, de tu ciudad, de Dios... Lo ideal sería que siempre gozaras del estado en que te encuentras cuando estas enamorado. Esto te puede parecer demasiado sensiblero, pero no lo es. Es una manera de concebir la existencia muy espiritual y profunda. El poeta Rumi le escribió poemas de amor a Dios; un gran artista como Miguel Ángel, le dedicó sus obras de arte. Muchos de los mayores logros de la humanidad han sido inspirados por el amor a Dios. Y aunque tú no seas un soñador, un amante, o un creyente, vivir en un estado de perpetuo enamoramiento puede ser muy ventajoso y práctico para ti. Tu salud mejora, tu vitalidad/energía se incrementa, gozas de un excelente estado de ánimo y permites que te ocurran cosas bonitas a ti y a tu proyecto, pase lo que pase. Así que, si todavía no estás enamorado de alguien o de algo, ¡enamórate rápido!

Ha llegado la hora de que desarrolles tus poderes psicológicos. La investigación nos ha demostrado que utilizamos menos del diez por ciento de nuestra capacidad mental. ¿Cómo puedes empezar a utilizar el resto de tu potencial? Simple. Empieza a sentir más. Sé consciente de tus sentimientos. Toma nota de ellos, no los ignores ni los reprimas. Escúchalos con atención. Cuando lo hagas, estarás capacitado para sintonizar mejor con los sentimientos de los demás. A través de los sentimientos podemos cazar algunos pensamientos. Así pues, empieza sintonizando, primero con los tuyos propios, y luego trata de mostrar cierta sensibilidad en relación a los sentimientos de los demás. ¿Cómo puedes hacerlo técnicamente? Traslada tu concentración desde tu cabeza hacia tu corazón. Cuando escuches a otras personas, hazlo con el corazón. Escucha lo que dicen con un interés profundo. Éste énfasis reduce drásticamente la distancia mental que existe entre tú y los demás. ¡Antes de que te des cuenta, vas a empezar a saber y a sentir lo que están pensando!

La paciencia y la tolerancia tienen muchas recompensas. Cuando te enfrentas a un estímulo externo, como que alguien haga o diga algo que te produce rabia o miedo, antes de actuar, respira profundamente tres veces. Ahora, piensa para ti:

1. De donde proviene esta persona; es absolutamente correcta, y está convencida de que lleva toda la razón.
2. ¿Cómo puede su visión/acción enriquecer mi postura?
3. ¿Cómo puedo responder para extraer el mayor beneficio?

Vuelve a respirar profundamente otras tres veces y luego haz lo que tengas que hacer en tu beneficio. Desde un estado de calma vas a controlar mucho mejor la situación.

La paciencia y la tolerancia reportan grandes recompensas. Poniendo en práctica estas cualidades siempre saldrás ganando.

Estás muy aferrado a determinados específicos y esto no es siempre lo mejor para tus intereses. Estas malgastando grandes cantidades de energía. Intenta introducir otras posibilidades a tu plan. Mantén la fe en que todo transcurre perfectamente, más de lo que te puedas imaginar. Toda situación es útil. El error no existe. Estamos aquí solo para aprender y crecer. Así que debes desapegarte ahora mismo de los resultados que deseas. Le has dejado perfectamente claro al universo lo que quieres. Estás dando los pasos necesarios, pero no intentes forzar las cosas. Dice el refrán:

> Si quieres escuchar la risa de Dios,
> cuéntale tus planes.

Debes dejar claras tus intenciones, pero también necesitas aprender a fluir. Además, tu futuro es brillante, lleno de luz, apasionante, descubrirás cosas nuevas y aprenderás con ellas. Entonces, ¿porque no dejas de preocuparte y disfrutas de tu andadura?

Decide lo que quieres. Tómate el tiempo necesario para ponerlo en claro durante los seis próximos meses, o el próximo año; piensa también dónde quieres estar dentro de tres años. Olvida todo lo que habías estado deseando hasta ahora. Ha llegado el momento de renovar tus valores y prioridades. Tal vez quieras las mismas cosas que antes, pero según una versión nueva y diferente. Lanza una baraja de cartas al aire y... ¡sopla! Igual quieres añadir algunos elementos totalmente novedosos. No te quedes anclado en el pasado. Agradece los sueños que has vivido hasta ahora, te han regalado este viaje tan maravilloso. Debes darte cuenta de que el significado real de la vida no lo descubres alcanzando objetivos, sino amando y aprendiendo de lo que has dejado en el camino. El universo te proporciona la posibilidad de volver a vivir tus experiencias para que te sirvan de referente o guía. ¿Qué quieres ahora? ¿Qué es lo que tiene sentido para ti? ¿Qué es lo que te va a llenar de gloria?

Busca una señal del universo dentro de la próxima semana. Además de este libro, que trata de brindarte apoyo y guía, el mundo entero se te ofrece. Si ralentizas tu marcha y te vuelves más consciente, vas a notar que el universo está constantemente dialogando contigo. Busca señales: el canto de un pájaro, el ding-dong de la campana de una iglesia, una nube que adopta una forma especial, un sueño, una repentina tormenta de relámpagos. El momento en el tiempo es muy importante. Detente y piensa para ti mismo: ¿Qué es lo que estaba haciendo/pensando exactamente cuando las campanas de la iglesia empezaron a sonar? ¿Qué estaba haciendo/pensando exactamente en el momento en que he resbalado y me he caído? ¿Qué estaba haciendo/pensando cuando las palomas volaron sobre mí? El universo está constantemente hablándonos y, demasiado a menudo, ignoramos sus mensajes. Empieza a observar el lenguaje escondido del cosmos si buscas respuestas. Para interpretar correctamente este lenguaje simbólico, solo tienes que acordarte de esta regla dorada: Utiliza todo lo que ocurre en tu vida para tu progreso y crecimiento. (Naturalmente, sin hacerte daño a ti mismo ni a los demás).

Todo está sucediendo con una perfecta sincronización. Aunque te gustaría que las cosas fueran más deprisa, debes entender que hay varios factores universales invisibles que influyen en dichos eventos, y que todo es en tu beneficio. Están las influencias del sol, la luna y los planetas. Están también las de tu pasado y el pasado de los demás implicados en tu vida. Todas estas cosas necesitan su tiempo para organizarse. Así de simple es el sistema/funcionamiento del universo. Puedas contribuir al movimiento de las cosas de varias maneras, pero tienen que ser ejecutadas con absoluta claridad:

1. Pon tus pensamientos en orden. Asegúrate de que tienes claro lo que realmente quieres.
2. Limpia tu cuerpo. Realiza una desintoxicación rápida, aunque solo sea de un día.
3. Limpia tus cosas, tu casa. Esta "limpieza" va a permitir que lo NUEVO entre en tu vida con mayor eficacia.

Mientras tanto, utiliza bien este tiempo para gozar de un preciado tiempo creativo y acercarte al propósito de tu vida.

Vives tu vida demasiado condicionado por lo que esperan los demás de ti. Has puesto tantos condicionantes en tu vida que has olvidado lo que supone vivir sin ellos. Date cuenta de que todos estos condicionantes solo están en tu cabeza y han tomado tanto protagonismo que están limitando tu libre expresión. Entiende que en cualquier momento tienes, como mínimo, tres opciones de pensamiento y comportamiento. Justo en el momento en que te liberes de tus propios pensamientos limitados, los demás lo van a notar. Puede que lo admiren, pero también puede disgustarles. Debes aprender a vivir tu vida según tus prioridades y no según el grado de exigencia de los demás. Esto igual te causará pasar por un período de malestar, pero ten por seguro que se acabarán ajustando a tu nuevo y mas auténtico "yo", aunque les cueste un tiempo. Naturalmente, esto conlleva tomar el cien por cien de la responsabilidad sobre los resultados de tus actos y de tu vida en general. La libertad debe ir de la mano de la responsabilidad.

Es un buen momento para establecer vínculos estables, fuertes y colaborar con los demás. Actúa con plena consciencia, puesto que habrá personas que harán aflorar varios aspectos de tu carácter que tú mismo has intentado ignorar, es decir, tu lado oscuro. Pero siéntete agradecido por ello porque si no integras y aceptas tu lado oscuro completamente no vas a experimentar la plenitud. Las relaciones sirven, simplemente, para crecer y para desarrollarse como individuo, por lo tanto, no sería correcto afirmar que existen relaciones equivocadas. Naturalmente, tenemos la opción de aprender a través del gozo o a través del dolor. La mayoría de la gente aprende a través del dolor, aunque no es absolutamente necesario si realizamos los correspondientes avances en nuestra consciencia para subir un peldaño. Por ejemplo, puedo descubrir de un modo agradable las cualidades que tiene el fuego, o puedo aprender lo doloroso que puede llegar a ser si me quemo. Ninguno de los dos caminos es mejor que el otro pero los dos son igual de eficaces. Se trata más bien de ¿qué camino elijo para aprender? ¿Elijo el camino del dolor o del gozo?

En este preciso instante estás manipulando circunstancias de tu vida, inducido por tu miedo a que los resultados no se presenten del modo que tú querías. Este miedo atraerá estos resultados no deseados, porque el subconsciente tiende a atraer, precisamente, aquellas cosas que intentamos evitar. Por ejemplo, si alguien te dice: "No pienses en un elefante de color rosa con lunares rojos". ¿Qué es lo que va hacer tu mente? Así es como funciona la mente. En lugar de enfocar nuestra atención en lo que no queremos que ocurra, enfoquémosla en los resultados que deseamos. No obstante, hay una última parte en esta fórmula que cobra importancia una vez has vislumbrado lo que quieres: tener fe absoluta en que LO MEJOR ESTÁ POR LLEGAR. Si no piensas así, vas a seguir manipulando a la gente y a los sucesos en tu contra. Aunque esto no significa que no debas actuar. Acción sí, manipulación no. Conoces muy bien la diferencia.

Una re-acción consiste en llevar a cabo una actividad para resolver un problema. Una acción es llevar a cabo una actividad para conseguir algo. La acción es creativa. La reacción no lo es. Siempre que te enfrentes a un problema, asegúrate de que no estás, simplemente, re-accionando ante lo que te está pasando. Tómate tu tiempo para decidir qué resultados quieres crear. Cuestiónate esta pregunta básica: "Si no tuviera limitaciones, miedo a fallar, u otros obstáculos, ¿qué elegiría? En otras palabras: "¿Qué opción elegiría si estuviera seguro del éxito?" La mayoría de la gente suelen tomar sus decisiones en base a la peor de las posibilidades. Pero hace falta tener fe para elegir un resultado, incluso si todavía no sabes cómo va a cumplirse. Algo que la mayoría de la gente pasa por alto es el hecho de que, cuando una visión es clara, aparecen los medios para hacerla realidad. Es decir, los sucesos impredecibles (milagros), a veces tienen lugar, son cosas que no podrías saber de antemano, y que contribuyen a materializar tu sueño cuando este sueño está en sintonía con nuestro verdadero propósito en la vida.

¿Qué prejuicios están limitando ahora mismo tu progreso? Tienes unas ideas muy claras sobre cómo son las cosas y cómo deberían funcionar o moverse en tu favor. Pero necesitas darte cuenta de que tu punto de vista es solo un agujero en la pared por el que miras la verdad. Todo el mundo mira a través de su propio agujero. Empezar a ver que hay maneras distintas de observar el todo, te enriquecerá. Cada vez que digas algo, sé consciente de que solamente es una opinión. Y cada vez que los demás te digan algo, o te adviertan de algo, será también solo una opinión. Las opiniones son como las narices: todos tenemos una y cada una es diferente. Pregúntate a ti mismo: ¿Pueden estos puntos de vista, opiniones o advertencias proporcionarme más gozo, amor y abundancia en mi vida si las adopto? Si no es así, no necesitas integrarlas por muy importante que pueda parecer la persona que te lo ha dicho. Ésta es tu libertad básica; tu libertad de pensamiento. Nadie debe imponer su punto de vista en ti.

Solamente debes aceptar o adoptar las opiniones y visiones del mundo que te acerquen a los resultados que quieres crear. Ha llegado la hora que te conviertas en un pensador más independiente, original y creativo. Mark Twain dijo una vez:

La única diferencia entre los demás y yo es que cuando ellos preguntan: ¿"Por qué"?, yo pregunto: "¿Por qué no?

Escucha a tu cuerpo. Tu cuerpo es un instrumento perfectamente afinado que está constantemente comunicándose contigo. ¿Qué es lo que te está intentando decir tu cuerpo? Cuando pienses en algo o en alguien intensamente, empieza a observar con atención las reacciones físicas que te sucedan. ¿Sientes tranquilidad, calidez y paz? Toma nota de estos importantes mensajes que te envía tu cuerpo. Las enfermedades y los accidentes, a menudo, son portadores de mensajes sobre nuestro camino en la vida. Si estás envuelto en algún tipo de dilema o algo perturba tu mente, pregúntale a tu cuerpo, especialmente a tu corazón, como si fuera un buen amigo y un sabio consejero. Cierra los ojos, pon la mano en tu corazón, piensa en tu pregunta y espera. Si las lágrimas empiezan a asomarse a tus ojos, déjalas correr, no intentes reprimirlas. Deja que pasen, como un aguacero. Solo cuando las lágrimas se acaben, continúa con este proceso de comunicarte con tu corazón, el "Corazón Sagrado". La voz de tu profunda sabiduría siempre está en calma y es compasiva. Si nunca has hecho este ejercicio, inténtalo como mínimo una vez. Incluso si no tienes ningún problema que solucionar. Simplemente, pide una guía para tu vida o un mensaje inspirador. Te impresionarán las respuestas que vas a recibir y lo profundas que pueden llegar a ser.

No dejes que las cosas, simplemente, ocurran en tu vida. Mantén los ojos bien abiertos a todo lo que sucede y asume la responsabilidad en cada momento. Todo lo que te ocurre es, directa o indirectamente, producto de tus propios pensamientos y acciones. Ahora mismo, quizá te sientes confundido, enfadado o resentido, y no es culpa de nadie. No eres una víctima. Tampoco es culpa tuya, así que deja de culparte a ti o a los demás. Sin embargo, asume tu responsabilidad: ¿Hay algo que puedas hacer para enmendar el error o mal entendido? Deja tu ego a un lado; quítatelo como si fuera un abrigo, porque el ego te impide pensar con claridad. Ahora piensa desde tu corazón. Es lo que realmente quieres expresar a través de tu Consciencia Superior. Vas a ver que cuando te atrevas a amar, los resultados serán siempre positivos para ti incluso si, aparentemente, da la impresión de que has perdido este asalto.

Te encuentras en una situación difícil ahora mismo por tu propia falta de lucidez y la de los demás. Las relaciones humanas requieren una suma lucidez. Cuando no la hay, rezuman frustración. Recorre los pasos que diste para llegar a esta situación: primero revisa tus propias responsabilidades. ¿Eras lo suficientemente lúcido con respecto a ti mismo y a los demás sobre lo que querías, lo que esperabas o lo que hacías en esta situación que te afecta? Ahora examina la otra parte responsable. ¿Es clara contigo? ¿Tiene falsas expectativas?

Toda confusión o malentendido puede resolverse fácil y relajadamente, sin despertar emociones negativas, como si no fuese culpa de nadie. Es solo un problema de falta de comunicación. Nadie quiere hacer daño deliberadamente. Observa cómo, cambiando tu actitud, puedes vivir una situación mucho más grata.

Últimamente estás bajo un fuerte estrés aunque no te hayas dado cuenta todavía. No haces suficiente ejercicio, tienes varios problemas de salud que has ido ignorando y reprimiendo. Estás tratando tu estrés con métodos poco inteligentes: fumando, bebiendo alcohol, demasiado café, durmiendo, estando a la que salta con los demás por tonterías. ¡Despierta! ¡Toma alguna iniciativa!

Pregúntate a ti mismo: ¿Qué puedo cambiar para que mi nivel de estrés se reduzca? ¿Debo cambiar algunas estructuras básicas en mi vida? (En mi trabajo, mis relaciones, mi manera de pensar...) Así dice un antiguo refrán:

> Mañana será exactamente igual,
> si no cambia nada hoy.

Avanza y haz aunque sea solo un pequeño cambio. Llega a un acuerdo con tu pereza interior: Pídele su cooperación para obtener una mejor calidad de vida. No puedes hacer nada sin su colaboración. Pregúntale qué es lo mínimo que está dispuesta a hacer, por qué se resiste a cambios demasiado drásticos. Por ejemplo: Sólo diez flexiones al día. Ese paquete de cigarillos... Pensar en algo positivo ante situaciones que normalmente criticarías. Repetir una afirmación positiva... Esopo solía decir:

> Gota a gota se llena la bota.

Ten paciencia, pero persiste.

El universo parece estar alineado con tus intenciones y propósitos. Es un buen momento para entrar en acción, y así estarás en sintonía con las fuerzas superiores que te apoyan. Utiliza tu poder con prudencia y podrás obtener un efecto de mayor alcance y a largo plazo. Acuérdate de crear situaciones ganadoras que enriquezcan a los demás mientras te enriqueces a tí mismo. De este modo, la Luz se multiplica. Tú representas tu propio sistema de creencias y mucha gente está observando tu conducta, están aprendiendo de ti. Actúa de la mejor manera posible. Hazte siempre la pregunta: "¿Qué puedo hacer ahora para ofrecer el Mayor Bien a todos los implicados?" Reza para que se manifieste la respuesta y lo hará. Tus pensamientos y tus palabras son extremadamente poderosos y necesarios para un cambio en el planeta. A tu manera, estás marcando grandes diferencias. La teoría del caos en física cuántica expone que el aleteo de las alas de una mariposa en China, puede causar una tormenta en los Estados Unidos. El mundo entero es un sistema interconectado. ¿Cómo puedes cooperar con las Fuerzas de la Luz ahora mismo?

Medita en el hecho de que, a menudo, aunque piensas una cosa, dices otra y haces una tercera. Para tener poder necesitas que tus acciones, palabras y pensamientos estén alineados. Estás condenando cosas que tú mismo piensas y haces. Estás juzgando actitudes que son un mero reflejo de ti mismo. Esta es la razón de que estés tan irritado. Acepta el hecho de que, simplemente, los demás actúan impulsados por sus inseguridades, algo que a ti también te ha pasado alguna que otra vez.

Cuanto más neutral seas mayor será tu poder. Ser "neutral" no significa que debas actuar sin pasión o sin energía. Significa estar libre de preconcepciones, significa estar por encima de las pequeñeces de la vida: ser neutral quiere decir tener una visión periférica, una visión completa. Solo así puedes sintonizar tus pensamientos, palabras y acciones en armonía. Esto te dará una mayor capacidad de concentración y, de repente, tus acciones serán más eficaces.

é honesto y todos saldrán ganando. Dicen los libros sagrados: "La verdad te hará libre". Cuando tenemos el valor de decir la verdad desde nuestro corazón nada puede hacernos daño, todas las barreras desaparecen. Saber dar tu punto de vista es todo un arte. Una cosa a tener en cuenta es que no puedes imponer tu visión en otra persona. Puedes compartirla educadamente, ofreciéndola a otros. "Esto es así; así es como me siento viendo lo que sucede..." Deja que la otra persona decida si quiere cambiar algo, solo estás compartiendo tu punto de vista. Si hay algo en falso en este momento de tu vida, acabará por desmoronarse. Asegúrate de que al barrer no has dejado demasiada mugre debajo de la alfombra. Sacude tus alfombras internas y externas regularmente para que la energía fluya sin obstáculos. Hay un maravillosa cita que se menciona en "El Curso de Milagros":

Nada que no sea real existe.

En eso reside la paz espiritual. Las situaciones falsas o artificiales acaban por disolverse.

Actualmente hay una falta de equilibrio en tu vida. Tienes que revisar tus prioridades. Ahora mismo has puesto demasiado énfasis en un área de tu vida y te has descuidado del resto. Cuerpo, mente y alma tienen que ir a una, de lo contrario la enfermedad se manifestará. Familia, relaciones personales y trabajo también tienen que ir de la mano. Intenta imponerte menos metas agotadoras. Simplifica, simplifica y simplifica allí donde sea posible, tu vida está muy sobrecargada con detalles que no hacen más que agotar tu energía. No hay nada malo en sentarse un rato y estar sin hacer nada. Necesitas recargar tus pilas tanto física, mental como espiritualmente, haz lo que sea que te funcione para conseguirlo. Si estás descansado, tendrás más tiempo para revisar tus prioridades. Reinvéntate a ti mismo, redefine tus metas. Así regresará la diversión a tu vida. La palabra clave es equilibrio.

Dentro de ti hay un pequeño reparto de papeles que afloran alternándose continuamente. ¿Qué papeles limitadores estás interpretando en este momento? Échale un vistazo a aquellos roles que no te dejan ser tú mismo: el quejica, el destructivo, el miedoso, el mártir, el crítico, la víctima, el cruel... En lugar de interpretar estos papeles, ¿podrías utilizar estrategias más poderosas, eficaces y positivas para conseguir los resultados que deseas?

No intentes reprimir tus papeles limitadores. Al principio, es bueno que te quedes observando bajo qué circunstancias afloran. (Normalmente lo hacen cuando percibes algún peligro o riesgo de perder algo). Luego dales un nombre a cada uno. Por ejemplo: "María, la Mártir", "Gina, la celosa", ... La próxima vez que aparezcan salúdales como si saludaras a un viejo amigo. Agradéceles que hayan venido en tu ayuda, solo lo hacen por tu bien. Después diles que puedes manejar la situación como un adulto maduro y poderoso, de un modo más positivo y eficaz.

Recurrir a pensamientos negativos conlleva alterar la mente y malgastar verdaderas montañas de tu energía creativa. No solamente estás siendo paralizado al situarte en "el peor de los casos" sino que también estás obstaculizando cualquier tipo de milagro o acontecimiento positivo que podría ocurrirte.

Debes tomar una decisión fundamental en tu existencia, aquí y ahora. Decide quien va a dirigir tu vida, tú o los pensamientos negativos del pasado. Reafírmate ahora mismo como dueño y señor de tus pensamientos y de tu vida.

La próxima vez que una situación se vuelva a enturbiar por culpa de tus inseguridades, di ¡BASTA! Decide ver esta situación como una oportunidad y no como un problema. En lugar de tener miedo, emociónate positivamente. Después, podrás transformar conscientemente toda tu energía mental en pensamientos positivos, prácticos y poderosos. Definitivamente, debes pasar a la acción.

uieres ser amado y admirado. Hay un camino fácil: ¡Quiérete y admírate a ti mismo primero! Esta formula mágica funciona también para cualquier cosa que intentes crear. Primero, crea la experiencia que deseas, y empezará a ser atraída de forma natural. La mayoría de la gente comparte la idea de que "los opuestos se atraen", no obstante, la vida nos enseña "lo que se atrae es aquello que se parece". Este es el principio de la "resonancia". Eres como una emisora de radio que emite en una frecuencia específica. Serás sintonizado o recibido por gente que esté en la misma "onda cerebral" u "onda vital". Si no estás satisfecho con la situación en que te encuentras ahora mismo, intenta averiguar como has atraído a toda esta gente y esas circunstancias hacia ti. Al minuto de cambiar tu frecuencia, vas a atraer una nueva realidad. Que no te sorprenda el hecho de que, al cambiar tu frecuencia, algunos de tus amigos se ajusten a tu nuevo y excelente nivel...

¿Cuál es tu imagen? ¿Qué imagen tienen los demás de ti? ¿Cómo has contribuido tú a esta imagen? ¿Estás siendo realmente tú mismo? No hay nada más carismático que una persona siendo ella misma: no escondas tu vulnerabilidad, sé más abierto, sensible, seguro de ti mismo, amistoso, de corazón calido e independiente. Estos serían los aspectos claves para llegar a ser tu mismo.

En la historia de toda creación nunca ha habido ni habrá un individuo como tú. Eres único y tienes algo muy especial para compartir con el resto del mundo. Sería bueno poder ofrecer algo que tuviera un gran peso social, económico e histórico, aunque cabe la posibilidad de que sea tu forma de sonreír lo que enriquezca la vida de cada persona con la que te encuentras. Cuando te determines a enriquecer el mundo, se te dará la oportunidad para hacerlo. Deja que tu luz natural brille y serás un ejemplo vivo de buena salud y felicidad. Esto es ya, de por sí, una fantástica contribución a un mundo mejor.

Cuánta compasión o comprensión estás expresando? Ponte en la piel de la otra persona, o nunca entenderás su postura. Ya conoces el dicho:

Comprender es perdonar.

Una vez le comprendas profundamente y no solo trates de entenderle con el intelecto o con la cabeza, todas tus dudas desaparecerán.

En estos tiempos necesitas vincularte con la otra gente de un modo significativo, que no sea superficial. Una vez hayas establecido esta clase de relación, vas a experimentar un incremento de la ayuda universal para la consecución de tus sueños.

Procura no ser deshonesto, bajo ningún concepto, ni contigo mismo ni con los demás ya que lo pondrías todo en peligro. Mantén un riguroso control sobre tus motivaciones y asegúrate de que siempre sean bien intencionadas en relación a las partes implicadas.

Ha llegado la hora de que liberes todas las emociones negativas que has guardado dentro de ti durante tanto tiempo. Las emociones negativas son como buenos amigos que tienen algo que comunicarte. Debes hacer caso de sus mensajes y no ignorarlos. Este es tu llamado "lado oscuro". En la antigua Grecia era representado por el Dios Dionisos.

Dentro de un entorno seguro, estando solo y en plena naturaleza si es posible, debes permitir que estas emociones negativas se expresen libremente. Puedes gritar o llorar. Algunas personas prefieren desahogarse tocando el tambor, practicando boxeo, bailando, o realizando algún otro deporte. (No debes perjudicarte ni a ti ni a los demás, evita las drogas y la violencia). Por un momento, puede que sientas un frenesí que te enajena. Deja que esta locura divina te invada, es muy terapéutico. El caos está al otro lado del orden. La oscuridad es lo contrario a la luz. Ambas son necesarias para crear un buen equilibrio. Una vez estas emociones negativas se han expresado completamente, te sentirás como si el peso que tenías en tu pecho se hubiese disipado, te sentirás libre. Notarás una profunda paz interior, como la calma después de la tormenta.

Después de esta liberación te encontrarás en una situación inmejorable para tratar pacíficamente con la gente o los asuntos que te atañen.

Relájate. Te estás tomando las cosas demasiado a pecho. Has creado grandes monstruos en tu mente. La realidad es muy diferente a como la imaginas. En la película, "El mago de Oz", hay una escena donde un personaje se siente aterrorizado por una gran sombra que se proyecta desde una hoja. Cuando reúne el valor para mirar lo que hay debajo, descubre que solo es una pequeña criatura. Esto es lo que pasa con las personas que te intimidan.

Las cosas son mucho más fáciles y simples de lo que parecen a veces. Tú eres quien lo complica todo con tus miedos o proyecciones. Estas infectando tus pensamientos con este miedo. Si continúas proyectando lo peor, esto es lo que va a ocurrir. Ten cuidado con lo que piensas. No permitas que los pensamientos de temer te invadan. Empieza a convertirte en dueño de tus pensamientos y de tu vida. Puedes elegir la naturaleza de tus pensamientos. No reprimiendo los de naturaleza negativa, sino ejercitándote en el autocontrol. Empieza a concentrarte y a creer en el resultado que más anhelas y lo verás manifestarte ante tus propios ojos.

La vida es un juego de espejos mágicos. Estás en una gran sala de espejos donde todo es un reflejo de ti mismo. Las cosas que amas son un reflejo de tus cualidades, las cosas que odias son un reflejo de los temores que llevas dentro de ti. ¿Qué lecciones puedes aprender de todo ello para vencer tus desafíos? ¿Qué es lo que debes aprender para levantarte y ser libre?

Aprende a ser más comprensivo y a saber perdonar: te vas a librar de mucha angustia y dejarás de malgastar tu energía. Toma medidas si no quieres ser perjudicado por personas o acontecimientos. Si un invidente tropieza contigo no le vas a odiar por ello. Simplemente, le dejarás paso y le advertirás educadamente de tu presencia en la habitación. Muchas personas padecen alguna discapacidad emocional. Por lo tanto no debes juzgarles con dureza ya que solo conseguirías enquistar más aquellos aspectos negativos de tu mente que, en este momento, tanto reclaman tu concentración.

Ha llegado el momento de que pongas en práctica tus cualidades para el liderazgo. Anima generosamente a los demás para que se unan en un propósito común. No esperes. Es el momento de entrar en acción para conseguir los resultados deseados por todos. Inspira y apoya a todas las partes implicadas para que culmine su potencial. Si lo haces verás cumplido tu propósito en la vida. No tengas miedo a la hora de crear alianzas en tanto en cuanto las condiciones estén claras para todos. Aprende a delegar cualquier cosa que no necesites o no quieras hacer. Concéntrate en hacer lo que realmente deseas. Tener una visión y un propósito claros, será el vínculo que te unirá a los demás en la consecución de un resultado ideal. No se producirán confusiones o desavenencias desde el momento en que cada punto haya sido revisado por ti y por ellos. Deben hacerse los ajustes necesarios para que todas las opiniones se fusionen en una visión homogénea.

El universo estará listo para apoyarte al cien por cien tan pronto como estés preparado para escuchar su feedback: revisa lo que te ha permitido cosechar tu mayor éxito hasta ahora, y continúa en esta dirección.

Ha llegado el momento de ser muy claro en relación a lo que realmente quieres, y dejárselo claro también a los demás. Se preciso y díselo a cada persona que creas que pueda apoyarte. Ser claro significa hablar, escribir o enviar cualquier tipo de evidencias (fotos, gráficos...) para mostrarles lo que deseas materializar. Haz los cálculos que sean necesarios para demostrar la coherencia de tu proposición. Haz lo que sea para comunicar tu mensaje con eficacia. Recuerda también que un mensaje sin amor no es útil para nadie. Acuérdate de usar el método sándwich:

Diles lo que les ibas a decir.
Luego, díselo.
Más tarde, diles lo que acabas de decirles.

Convéncete de que lo más ideal es lo que va a ocurrir, aunque se produzca de un modo diferente al que habías planeado. A menudo el universo te depara un destino mucho mejor del que imaginabas. Así que relájate y disfruta de tu "viaje". Los tiempos difíciles se han acabado definitivamente.

Has aprendido muy bien tus lecciones. ¡Felicidades!

El elemento de la armonía necesita ser fortalecido en tu vida. Hay demasiadas fuerzas opuestas ahora mismo y deberías procurar que fluyan las cosas con mayor suavidad, concentrándote en crear un equilibrio y una cierta armonía dentro de ti.

Empieza por tu respiración. Quizá no está siendo muy profunda actualmente. Cuando te pasa, no puedes relajarte. Aprende a relajar tu cuerpo, tu intelecto y tu espíritu completamente para que las musas puedan tocarte. Quizá sea un buen momento para unas pequeñas vacaciones, incluso un fin de semana, solo para regresar a tu centro, para sentirte a ti mismo de nuevo. Has absorbido toda clase de negatividad y ansiedad de otra gente. Aléjate un poco de tu vida cotidiana.

Los pensamientos negativos recurrentes están infectando tu mente y malgastando mucha de tu energía creativa. Recuerda que el síndrome "la peor de las situaciones/resultado" esta al acecho en tu mente.

Necesitas tomar una determinación fundamental: ¿Quien va a dirigir tu vida? ¿Tú o tus pensamientos negativos?

La vida no consiste tanto en tener como en ser. De momento, estás demasiado empeñado en poseer cosas e incluso poseer personas. Es un gran engaño creer que la felicidad tiene algo que ver con la posesión.

Cada experiencia que ansías de algo o de alguien está ya dentro de ti. Solo que es un pensamiento olvidado. Puedes volver a crear la experiencia a través del poder de tus propios pensamientos. Este ejercicio te liberará del estado de ansiedad, dependencia o desesperación. Una vez que empieces a crear las experiencias desde dentro, también empezarás a atraer las formas externas, como por arte de magia. Te parecerán completamente naturales y normales. Ocurre porque al decir: "Yo quiero X" creas una distancia entre tú y X. No obstante, al decir "Yo soy X" o "Yo soy (las cualidades representadas por X)", creas una unidad entre tú y X. Solo cuando te encuentres cómodo con las cualidades representadas por X, las manifestaciones externas de X aparecerán milagrosamente en tu vida. Si quieres probar esta teoría, considera este hecho: ahora mismo sientes que mereces lo que tienes; por lo tanto tienes/eres uno con ello. Una vez decidas o elijas ser uno con alguien, tu realidad se ajustará por sí misma.

ibérate a ti mismo de tus deseos. Libérate de cualquier idea fija o apego. Nikos Kazantzakis, autor de Zorba el Griego escribió:

No quiero nada, no temo nada, soy libre.

Tómate un momento para considerar lo liberador que sería soltar tus ideas fijas. Actualmente estás aferrado a ideas sobre quien eres, quienes son los demás, qué debe ocurrir próximamente en tu vida... Recuerda: "Si quieres oír la risa de los Dioses, cuéntales tus planes". Asume que tu vida es perfecta tal y como es. Ha sido hecha a tu medida. Has estado dando la cantidad exacta de dinero y poder necesarios para aprender ciertas cosas. Las condiciones del "Juego de la Vida" se han dado de modo que puedes crecer y evolucionar. Quizá no las ames, pero son perfectas. Después de todo, esta es la razón por la que estás aquí, este es el verdadero sentido de tu vida en la Tierra: crecer y evolucionar hasta tu máximo potencial, para expresar tu propia condición divina. No estás en la Tierra para conseguir ningún otro resultado. No estás aquí para salvar al mundo. Solo estás aquí para evolucionar. Evolucionando te convertirás en un ejemplo vivo de ser humano iluminado que se ha elevado por encima de las cosas de la vida que carecen de importancia. Pasa por encima de tus ideas fijas e, irónicamente, verás que cuando te liberes interiormente de algo, este algo acude a ti.

¿Cómo andas de eficacia? Piensa en los resultados que quieres y en si la estrategia o mentalidad que estás aplicando te está acercando a ellos. Ha llegado el momento de reajustar tus pensamientos y estrategias. Es la hora de dejar atrás los viejos hábitos, maneras de pensar y planteamientos.

Hasta ahora has estado invirtiendo tu tiempo, dinero y energía. Y, ciertamente, has aprendido muchas cosas. Has observado la reacción universal. Tú sabes lo que funciona mejor. Relega todo lo demás y haz solo lo que te reporta resultados fáciles. Si no es fácil, quizá no sea bueno para ti:

Los ángeles vuelan porque son ligeros.

¿Todavía no puedes volar? Las cosas deben ser fluidas. Empezarán a serlo si te deshaces del exceso de equipaje emocional y material.

Tómate el tiempo necesario para replantearte tu acercamiento, quédate solamente con las cualidades esenciales: la verdad y el amor. No peques de ingenuo ni pases por alto las limitaciones de los demás. Debes mostrarte cuidadoso con tus propias limitaciones y las de los demás, y tomar las medidas oportunas tanto internas como externas para que no te puedan hacer daño.

Coge tus cosas y prepárate para el rock & roll. ¡Lánzate a la aventura! ¡Esto va a ser divertido! No mires atrás y no te arrepientas de nada en absoluto. Háblate a ti mismo de cualquier miedo antes de que aparezca en tus pensamientos. Toda negatividad debe calmarse ahora, no sería más que una carga en esta aventura. Libera los miedos y rencores que has ido conteniendo. Pero procura hacerlo con todo tu corazón ya que de lo contrario no serviría.

Tu viaje te está llevando directamente a la abundancia y a la prosperidad, en tanto en cuanto te mantengas alejado del pensamiento basado en el miedo y de la gente confundida e insegura. Entra en nuevas áreas confiado.

Ponte en acción y observa la reacción de los demás. Registra cualquier información que se te transmita. Protegerte a ti mismo es tu propia responsabilidad.

Sigue caminando, no hay nada que limite tus logros internos y externos. Acuérdate de respirar profundamente de vez en cuando.

Continúa trabajando y perfecciona tu estrategia para acercarte a tu objetivo. Perfecciona, perfecciona y perfecciona hasta que veas los resultados que quieres. Mientras tanto, asegúrate de que tienes tiempo suficiente para disfrutar cada momento. El viaje es más importante que el destino. En el destino encontramos la excusa perfecta para hacer el viaje. Si estás demasiado concentrado en el destino y no tanto en el viaje, te sentirás decepcionado cuando llegues.

Acuérdate de descansar regularmente en tu aventura para poder calibrar tus avances, por pequeños y carentes de importancia que parezcan. Compara donde estabas hace una semana, un mes o un año, y donde estás ahora. Lo estás haciendo realmente muy bien. Lo más importante es estar agradecido por cada día. La gratitud es el principio para llegar a ser grande. (Gratitud significa estar lleno de grandeza).

Hablas del amor y todavía no has empezado a descubrir lo que significa realmente amar. Si lo supieras, darías sin esperar nada a cambio. Si conocieras el amor, no sabrías de celos y no serías posesivo. Conocerías el profundo gozo que se experimenta siendo madre. Tómate un momento para valorar tus motivaciones en tus relaciones personales y profesionales. ¿Tienes motivaciones ocultas? ¿Podrías pasar por encima de sentimientos egoístas y ser completamente sincero con tus emociones? Si puedes, serás un verdadero Rey o Reina en esta vida. Vas a experimentar una grandeza que no creías que pudiera existir. Es uno de esos misterios de la vida: recibes lo que das.

Cuanto antes empieces a tener fe absoluta en la vida, antes vas a librarte de cualquier deuda kármica, vas a gobernar sobre la ley de causa y efecto convirtiéndote en amo y señor de tu destino. Te sentirás como si caminaras por encima del agua. Cuando des algo, en tu trabajo o en tus relaciones personales, hazlo desinteresadamente, sin esperar nada a cambio: verás como este amor vuelve hacia ti multiplicado por mil. Hay un dicho en arameo: *baruch bashan*. Significa:

¡Cuántas bendiciones has recibido ya!

No dejes que tus emociones te controlen. Las emociones, especialmente las negativas, son como el tiempo, unas veces está nublado, otras esta lloviendo y otras hay niebla. Sin embargo, uno debe acordarse de que el sol está siempre detrás de las nubes. Esto no significa que debas ignorar o suprimir tus emociones. Significa que debes reconocer que todo es relativo. Acuérdate de que el sol brilla perpetuamente en tu interior, en la profundidad de tu consciencia, escondido entre las nubes. Nunca te olvides del sol en tu profunda consciencia. Son tu brújula, tu guía en los mares encolerizados

Imagínate un lago que ha sido azotado por una tormenta. La arena sube a la superficie enturbiando el agua. Luego llega la calma y la arena regresa al fondo. Esta es la calma que necesita el lago para volver a estar claro y limpio.

A través de técnicas de meditación, (como concentrarse en la respiración, repitiendo el sonido cósmico "OM-AMÉN") o caminar por la naturaleza, esta calma emergerá otra vez en tu corazón y tu mente, y experimentarás paz y claridad. Cuando el corazón y la mente están serenos y en paz, grandes inspiraciones e ideas pueden llegar a ti. Todas las respuestas que estabas buscando, de repente, se revelarán.

Estás posponiendo actividades y desafíos. Es hora de que te des cuenta que nada malo va a ocurrir si sales de tu escondite y empiezas a vivir tu vida plenamente. Todo lo contrario, tu vida va a empezar a ser realmente fabulosa si abandonas esta actitud tan perezosa. Si no haces algo hoy, tu vida va a ser exactamente igual mañana. ¿Te das cuenta de la cantidad de oportunidades que has dejado escapar? La razón principal por la que estás evitando y retrasando ponerte en marcha es tu temor al fracaso.

Sin embargo, esto es innecesario porque no existe el fracaso, solo existe la reacción por una causa previa. La reacción no es más que información vital y necesaria para que puedas regular tu rumbo. Además, en lugar de proyectar el peor de los resultados y sucumbir a tus miedos e inseguridades, intenta concentrarte en los resultados que deseas. Continúa moviéndote en la dirección elegida. El éxito es inevitable para aquellos que son valientes.

Tu sistema de creencias está pasado de moda y ya no es útil para ti. Necesitas una renovación radical. Viejas y limitadas creencias sobre ti mismo (sobre el mundo y los demás) necesitan ser reemplazadas por otras más frescas, positivas y poderosas.

Ahora estás listo para realizar estos cambios. Entonces, consigue un trozo de papel y escribe diez pensamientos limitados sobre ti mismo y sobre lo que no te ves capaz de hacer.

Ejemplo 1): No soy lo suficientemente bueno. 2): No puedo...

Después, en un trozo de papel aparte, escribe notas positivas y afirmaciones para cada uno de los ejemplos anteriores.

Te asombrarás cuando te percates de lo poderoso que eres. De hecho, en lo más profundo, ya sabes que tienes poder y este poder todavía te asusta.

Tienes que pensar a lo grande, no te ayudas en nada ni a nadie pensando en pequeño. Realmente, es el momento de que reclames tu poder y lo vivas. Solo puedes ayudar a los demás si te ayudas y fortaleces a ti mismo. Si te reafirmas en tu poder acuérdate de administrarlo con responsabilidad: sé un administrador responsable. Está escrito en los textos sagrados:

Haz por los demás
lo que te gustaría que ellos hicieran por ti.

Tu problema consiste en querer conseguirlo todo a tu manera. Tal vez ya es hora de que pongas un poco de "agua en tu vino" y veas las cosas desde otro punto de vista. No mires demasiado lejos en tu futuro porque vas a construir demasiadas ilusiones y expectativas. Mantente concentrado en el presente, haciendo frente a cada situación con inteligencia y bondad. Si te concentras en el presente no tendrás problemas en el futuro.

Deshazte de tus inseguridades tan pronto como se asomen a tus pensamientos. Toda la agresividad debe amainar ahora, solo sería una carga en tu aventura. Olvida cualquier rencor que hayas estado guardando. Pero, HAZLO CON EL CORAZÓN.

La franqueza en la comunicación es el resultado de la claridad de pensamientos. La mayoría de la gente, incluido tú mismo, de momento, no tienen claro lo que quieren y, probablemente, les da miedo conseguirlo. Por eso, muchos prefieren vivir en una nube de confusión, complicándose la vida a ellos mismos y a los demás.

La paciencia y la comprensión tienen muchas recompensas. Cada vez que un estímulo externo como lo que hace o dice otra persona te produce enfado o miedo, detente antes de reaccionar y respira profundamente tres veces. Piensa para ti:

1. Desde su punto de vista, lo que hace es perfectamente correcto. Está convencida de que es así.
2. ¿Cómo puede su punto de vista enriquecer mi postura?
3. ¿Cómo puedo responder con mayor interés?

¡Felicidades! Te acabas de graduar en la lección: "Vivo una confusión". Ahora sabes que puedes aprender y crecer con cualquier cosa que te pase en la vida. ¡Agradécelo!

Recuerda que las situaciones que te han beneficiado a ti en detrimento de alguien más, crean karma negativo. Intenta inventar situaciones ganadoras en todos los apartados de tu vida. Intenta que todas las partes implicadas en el proceso de tomar una decisión se beneficien de ella por igual.

La rabia que sientes ahora se debe a tu resistencia a reconocer el dolor como tal. Expresa tu dolor pero aceptando las cosas como son. No permitas que el miedo a lo desconocido te domine. Ha llegado el momento de tener fe en la vida. Asume toda la responsabilidad en tu vida y tus emociones. Date cuenta de que tienes total libertad para elegir el estado interior en que te encuentres, sin depender de los acontecimientos externos.

¡Felicidades! Te has graduado en la lección: "Pobre de mí".

mpieza a ver cada relación desde una perspectiva de amor incondicional y comienza a ayudar a los demás a entender que esta es la llave de la vida. Esto no significa pecar de ingenuos. (Debes tomar tus medidas preventivas contra los comportamientos limitados y la ignorancia de los demás). Conviértete en un amigo, socio o colega fiable y el universo cuidará de ti para que puedas cuidar tú de los demás.

Necesitas comprobar si estás haciendo daño a alguien por algún motivo escondido o con acciones egocéntricas. Sé honesto ahora y vas a ahorrar mucha energía y dolor en el futuro. Simplemente, ve por encima de tus motivos y comprueba que los demás implicados están de acuerdo y tienes su bendición. Sigue adelante y habla claro, di lo que quieras sin caer en sentimentalismos. Deja que la otra parte elija libremente lo que realmente desee. Reconoce que tus necesidades siempre estarán cubiertas y que tú, por lo tanto, no necesitas suplicar a nadie por nada.

En la actualidad estás paralizado a causa de tus propias proyecciones sobre los demás. Como proyecciones deberíamos entender cualquier idea limitada o predeterminada que te impida ver a personas o a circunstancias con objetividad. Esto puede causar decepciones que derivarán en confrontación. Puedes evitarlo cambiando de actitud. ¿Cómo?

Detente un minuto y elévate por encima de una situación, por encima de la perspectiva que tienes respecto a determinada persona. Imagínate a ti mismo sobrevolando esta situación o persona ¿Cómo se ven desde arriba? ¿Son tan amenazadores? ¿Son tan buenos? ¿Son tan poderosos? ¿Cómo crees que los vería un Dios?

¿Cómo reaccionarás ahora que tienes una nueva, mayor y más elevada perspectiva? ¿Qué diferencia hay entre esta nueva visión y la que acostumbrabas a tener?

Necesitas entrenarte en tu autodisciplina si pretendes tener éxito. Al contrario de lo que la mayoría de la gente piensa, la disciplina tiene más que ver con la autoestima que con el autocontrol. Si quieres ver cambios en tu vida, vas a tener que amarte lo suficiente para ir a través de ellos. Esto va a ocasionarte alguna molestia, pero tienes que saber que es por tu bien.

También necesitas disciplinar tus emociones negativas, sin permitir que tomen el control de tu vida cuando les plazca. Sentimientos como la rabia, la depresión, los celos... han de ser dirigidos y transformados en energía constructiva y creativa.

Cuando empieces a crear los resultados que deseas con tu autodisciplina, tu autoestima irá en aumento. Crea una estrategia a largo plazo para conseguir tus metas.

Cuida de no volverte demasiado complaciente contigo mismo ni demasiado accesible con la gente que tienes cerca. Cuando hayas logrado el éxito, puedes caer en la trampa de "la indolencia" y derivar en un deterioro de las relaciones personales y laborales. Debes mantenerte alerta y estar siempre preparado para la acción.

Imagina un gato. El gato es un maestro porque es capaz de dar un brinco incluso cuando está profundamente relajado. Los sentidos de un gato son muy agudos, son un buen ejemplo de cautela y atención. No te relajes ni te acomodes demasiado si quieres estar listo cuando haga falta. No te duermas, debes estar despierto para hacer frente a cualquier situación que lo requiera.

Felicidades, estás preparado para abandonar tu "zona cómoda" y correr los riesgos necesarios. Tus esfuerzos serán recompensados.

Eres consciente de cómo estás repartiendo tu tiempo? ¿Estás perdiendo el tiempo? ¿Estás consintiendo que los demás malgasten tu tiempo? Rodearte de gente negativa es una gran pérdida de tiempo. Cuando están gimoteando, quejándose, criticando y culpando al mundo de sus desgracias, y tú tienes que estar con ellos por alguna razón, sigue los siguientes consejos para protegerte:

1) No te unas a ellos para quejarte o criticar, siéntate a un lado y escucha en silencio sin juzgarlos.
2) Crea una sonrisa interior.
3) Mantén una perspectiva de entendimiento y date cuenta de que es su manera de arreglárselas, no saben hacerlo mejor.
4) Háblate interiormente: "Esta es tu visión del mundo, pero seguro que no es la mía".
5) Sepárate lo antes posible de esta energía perjudicial, es decir, no pierdas más tiempo con personas así.

Se consciente de cómo desaprovechas tu tiempo. Toma nota de dónde lo estás perdiendo y de qué te gustaría hacer en lugar de ello. Estructura tus prioridades para rentabilizar mejor tu tiempo, pero asegúrate de tener un rato para no hacer nada.

Estás desperdiciando el poder de tu mente y tu energía criticando y juzgando a los demás. Tienes miedo a que el peor de los resultados ocurra, pero eres tú quien los atrae concentrándote tanto en ellos. Tienes la oportunidad de romper con tus viejos pensamientos y sustituirlos por otros. Cada momento es una oportunidad para la iluminación. ¿Sabías eso? Sí, puedes crear tu propia iluminación en cada momento. Todo lo que debes hacer es cambiar el "yo" por "nosotros". Este pensamiento es muy liberador. Inténtalo con la gente que te rodea, con el cielo, con los pájaros, incluso con tu ordenador. Experimenta tu unidad con todo y ve más allá de tus proyecciones de distancia. La vida es un sueño y tú eres quien sueña. Contesta la pregunta: ¿eres una mariposa soñando que es un humano, o un humano soñando que es una mariposa?

Tómate tu tiempo para sentarte solo en silencio, meditando en tu respiración. Relájate profundamente. Cuando hayan pasado veinte minutos, piensa en el asunto que te está preocupando. Deja que surja una idea. Verás la respuesta. Necesitas vencer tu ego para llevar a cabo las actividades oportunas.

En lugar de lloriquear, quejarte y preocuparte, tómate algún tiempo para no hacer nada. A veces, no hacer nada es tan necesario como el propio trabajo. Sentarte y escuchar música es una de las cosas más provechosas que puedes hacer en determinadas ocasiones. Cuando tu cabeza está muy confundida con un montón de cosas, necesitas un "tiempo muerto" para darte cuenta de cuáles son tus prioridades. Tómate un buen baño caliente. Si te calmas, te sorprenderá la cantidad de soluciones que puedes encontrar.

De vez en cuando es necesario hacer "limpieza" de viejas creencias que se han quedado obsoletas. En la actualidad arrastras demasiadas ideas limitadas sobre tus posibilidades en la vida. ¿Por qué no tenerlo todo? Carrera, familia, amigos, salud pueden integrarse perfectamente si los equilibras.

Empieza hoy a delegar responsabilidades en otros. Deja de pensar que eres indispensable y mira de lo que son capaces los demás cuando les das una oportunidad. Si continúas tomando todas las iniciativas, nunca les darás ocasión de hacer algo por ellos mismos.

¡Disfruta de tus vacaciones!